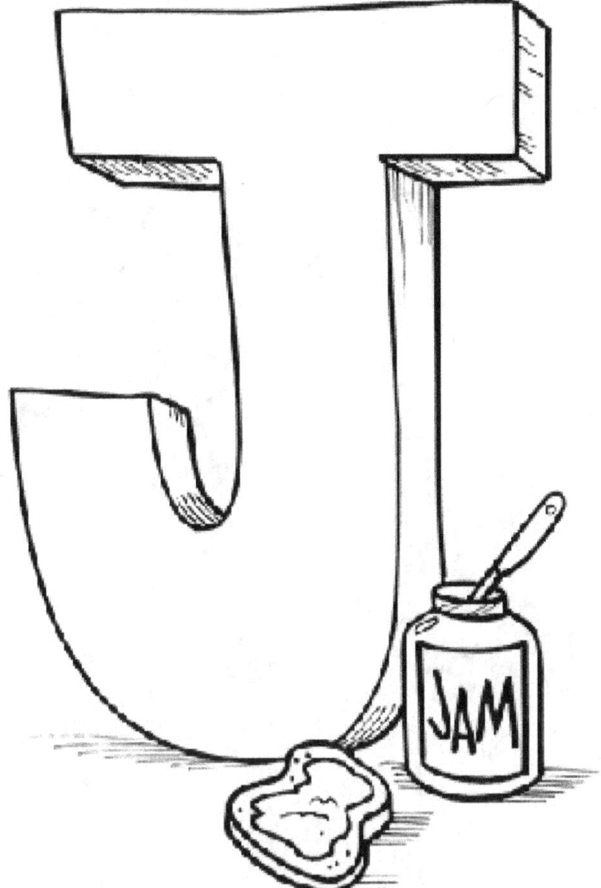

There is jam on the bread.

Hi ha melmelada al pa.

You can put jam on toast to give it more taste.

Podeu posar melmelada a la torrada per donar-li més gust.

Mom bought a new bottle of jam.

La mare va comprar una nova ampolla de melmelada.

The elephant has a long trunk to spray water.

L'elefant té un tronc llarg per ruixar aigua.

The elephant has a long trunk.

L'elefant té un tronc llarg.

The elephant lives in the zoo.

L'elefant viu al zoo.

The cat is taking a nap.

El gat està fent una migdiada.

The cat is very sleepy.

El gat està molt adormit.

The cat is very tired.

El gat està molt cansat.

The duck has a big nose.

L'ànec té un nas gros.

The duck just dropped its little oval eggs.

L'ànec acaba de deixar caure els seus petits ous ovalats.

The duck has three eggs.

L'ànec té tres ous.

The ladybug is on the leaf.

La marieta està a la fulla.

The ladybug is smiling.

La marieta està somrient.

The ladybug has six legs.

La marieta té sis potes.

The carpenter is fixing something.

El fuster està arreglant alguna cosa.

The man is coming to fix the ship.

L'home ve a arreglar el vaixell.

The man is wearing a belt.

L'home porta un cinturó.

Ram has a large horn and fluffy wool.

El moltó té una banya gran i llana esponjosa.

The ram is smiling because it just took a bath.

El moltó somriu perquè només es va banyar.

This ram lives in the farmhouse.

Aquest moltó viu a la masia.

Talented, Mr. Clown is juggling five red balls.

Talent, el senyor pallasso està fent malabars amb cinc boles vermelles.

The funny clown is juggling with skill.

El divertit pallasso fa malabars amb habilitat.

The clown is juggling balls for his performance.

El pallasso fa maletes per a la seva actuació.

The rabbit goes out to buy more orange carrots.

El conill surt a comprar més pastanagues de taronja.

The rabbit just plucked some carrots out of the garden.

El conill acaba de treure algunes pastanagues del jardí.

The Easter Bunny is going to give out chocolate eggs.

El conill de Pasqua donarà ous de xocolata.

A smart owl is reading an alphabet book.

Un mussol intel·ligent està llegint un llibre de l'alfabet.

The young brown owl is learning to read.

El jove mussol marró està aprenent a llegir.

Owl likes to read big books.

Owl li agrada llegir grans llibres.

The queen is beautiful.

La reina és bonica.

The queen has a pink wand.

La reina té una vareta rosa.

The queen has a wand.

La reina té una vareta.

The bat is ready to fly.

El ratpenat està a punt per volar.

The bat is hugging the letter.

El ratpenat està abraçant la carta.

The bat sleeps upside down.

El ratpenat dorm al revés.

Chef Octopus is serving a delicious turkey dinner.

El xef Octopus serveix un deliciós sopar de gall dindi.

The octopus cooked delicious food for its friends.

El pop va cuinar deliciós menjar per als seus amics.

The octopus is working as a chef and serving food.

El pop treballa com a xef i serveix menjar.

I had a humongous birthday cake for my celebration.

Vaig tenir un pastís d'aniversari humà per a la meva celebració.

This birthday cake has three layers.

Aquest pastís d'aniversari té tres capes.

My friend is having a gigantic cake.

El meu amic està tenint un pastís gegantesc.

The dragon just ate something spicy, so he needed water.

El drac només menjava alguna cosa picant, així que necessitava aigua.

The dragon is very thirsty.

El drac té molta set.

The dragon is sick.

El drac està malalt.

An owl is teaching the kids in school about work.

Un mussol ensenya als nens de l'escola sobre la feina.

Mr.Owl teaches the 3rd grade.

Mr.Owl ensenya el 3r de primària.

The owl is a language arts teacher.

El mussol és professor d'arts d'idiomes.

He is driving a big icecream truck.

Condueix un camió gran gelat.

The ice cream truck is playing a beautiful song.

El camió de gelats toca una bella cançó.

Come on! The ice cream truck is here!

Vinga! Ja està aquí el gelat

The Easter Bunny is painting a chocolate egg.

El conill de Pasqua està pintant un ou de xocolata.

The Easter Bunny likes to paint eggs.

Al conill de Pasqua li agrada pintar ous.

The rabbit is entering an egg painting contest.

El conill participa en un concurs de pintura d'òvuls.

I have a lot of brushes and pencils.

Tinc molts pinzells i llapis.

The writing utensils are in the tin can.

Els estris d'escriptura es troben a la llauna.

I have a lot of pencils.

Tinc molts llapis.

The Pencil is leaving to go on a long relaxing vacation.

El Llapis marxa per anar de llargues vacances relaxants.

The pencil wakes up bright and early to go to work.

El llapis es desperta brillant i aviat per anar a treballar.

The pencil put on a big smile and went to work.

El llapis es va posar un gran somriure i va anar a treballar.

I love to drink strawberry juice.

M'encanta prendre suc de maduixes.

The strawberry is drinking cold refreshing juice.

La maduixa beu suc refrescant fred.

The strawberry is red.

La maduixa és vermella.

The dog is playing with a bone.

El gos està jugant amb un os.

The dog likes to lick the bone.

Al gos li agrada llepar-se l'os.

The dog likes to play.

Al gos li agrada jugar.

My mom loves to drink tea.

A la meva mare li agrada beure te.

The teapot is short and spout.

La tetera és curta i estreta.

The teapot has green tea in it.

La tetera té te verd.

The samurai is training to become good at fighting.

El samurai s'està entrenant per guanyar-se bé a la lluita.

The samurai is chasing away his enemy.

El samurai persegueix al seu enemic.

The samurai is going for a morning jog.

El samurai va a buscar un matí.

Santa Claus is giving extraordinary presents to excited kids.

El Pare Noel fa regals extraordinaris als nens emocionats.

Santa Claus is delivering presents to the children.

El Pare Noel lliura regals als nens.

Santa is happy.

El Pare Noel és feliç.

A rat is on top of the letter M

Una rata es troba a la part superior de la lletra M

The mouse has very long whiskers.

El ratolí té bigotis molt llargs.

I like mice.

M'agraden els ratolins.

The giraffe has an extremely long neck.

La girafa té un coll extremadament llarg.

The giraffe has many spots.

La girafa té molts punts.

The giraffe eats vegetables.

La girafa menja verdures.

The queen bee has a beautiful wand.

L'abella reina té una bella vara.

The beehive has a leader who is a magical bee.

El rusc té un líder que és una abella màgica.

She is wearing a crown.

Porta una corona.

The one is saying its name.

El primer està dient el seu nom.

Number one got first place at a competition.

El número u va obtenir el primer lloc en una competició.

I have one nose.

Tinc un nas.

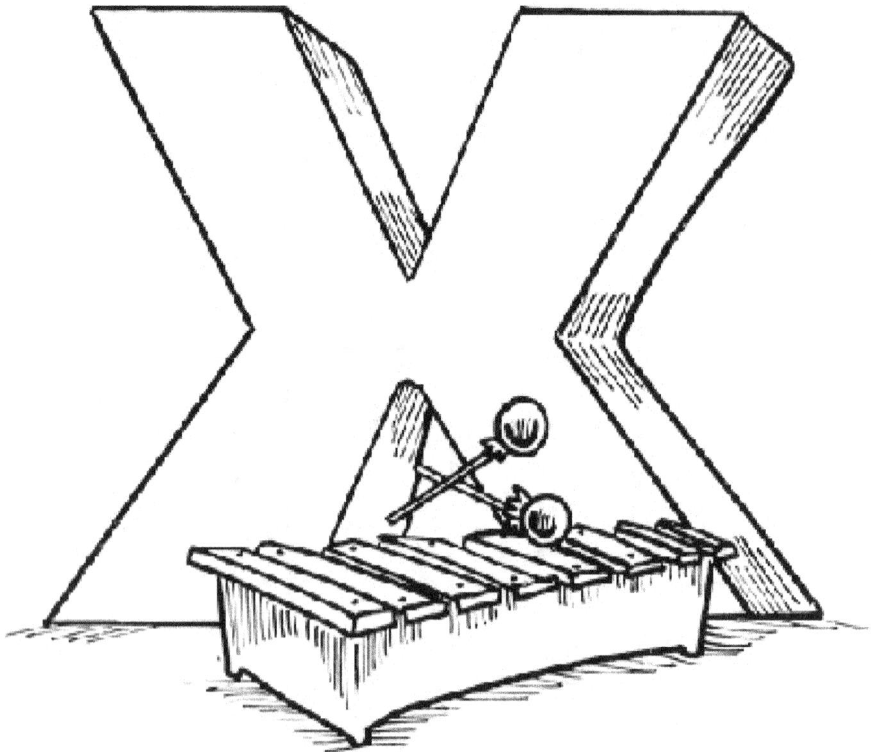

The xylophone is an instrument like the piano.

El xilòfon és un instrument com el piano.

The xylophone is a very cool instrument.

El xilòfon és un instrument molt maco.

The xylophone is a colorful instrument.

El xilòfon és un instrument de colors.

The chick is on the telephone talking with his friend.

El pollet està al telèfon parlant amb el seu amic.

The little chick is using his mother's phone to play music.

El petit pollet està fent servir el telèfon de la seva mare per reproduir música.

The bird is small.

L'ocell és petit.

The goat is eating grass.

La cabra menja herba.

The goat is grazing in the meadow.

La cabra està pasturant al prat.

The goat is sleepily walking around.

La cabra està caminant per dormir.

The dragon is using the rock to build its house.

El drac està fent servir la roca per construir la seva casa.

The dinosaur is getting a plate for his food.

El dinosaure està aconseguint un plat per menjar.

The dinosaur has a pillow.

El dinosaure té un coixí.

The boy is having fun playing with a yoyo.

El noi es diverteix jugant amb un yoyo.

The kid has a very colorful yoyo.

El noi té un yoyo molt vistós.

The boy has a little hat.

El noi té una mica de barret.

We use the umbrella when it's raining.

Utilitzem el paraigua quan plou.

The umbrella shelters you.

El paraigua et resguarda.

It's raining.

Està plovent.

The penguin lives in the arctic.

El pingüí viu a l'Àrtic.

The penguin lives in cold regions.

El pingüí viu a les regions fredes.

The penguin eats fish.

El pingüí menja peixos.

The old goat is proud of its golden bell.

La vella cabra està orgullosa de la seva campana daurada.

The goat has four hooves.

La cabra té quatre peülles.

The goat has a friend.

La cabra té un amic.

The octopus has eight tentacles.

El polp té vuit tentacles.

The octopus has very long tentacles.

El pop té tentacles molt llargs.

The octopus lives underwater.

El pulp viu sota l'aigua.

The gardener is going to plant flowers

El jardiner hi va a plantar flors

The gardener is going to plant some seeds.

El jardiner hi plantarà algunes llavors.

The farmer has a beard.

El pagès té barba.

That boy works in a band and plays the drum.

Aquell noi treballa en una banda i toca el tambor.

The drummer is leading a huge costume parade.

El bateria dirigeix una enorme desfilada de disfresses.

He looks joyful.

Es veu alegre.

The rattlesnake is looking for its dinner.

El cascavell està buscant el seu sopar.

The anaconda is the longest snake in the world.

L'anaconda és la serp més llarga del món.

The cobra is very lovely.

La cobra és molt maca.

The frog is smiling because it is happy.

La granota somriu perquè és feliç.

The frog is happy and excited.

La granota està contenta i emocionada.

The frog has a big smile.

La granota té un gran somriure.

The children are going on a field trip on the yellow bus.

Els nens van de excursió al bus groc.

The children go to school on a bus.

Els nens van a l'escola en un autobús.

The kids on the school bus are going to school.

Els nens de l'autobús escolar van a l'escola.

The animals are having a big celebration.

Els animals estan fent una gran festa.

The animals invited the monkey and the parrot to join their sleepover.

Els animals van convidar el mico i el lloro a unir-se a la seva festa de dormir.

I went to the zoo.

Vaig anar al zoo.

My dad works on the computer.

El meu pare treballa a l'ordinador.

The laptop is saying hi to the user.

El portàtil està dient hola a l'usuari.

That is my dad's computer.

Aquest és l'ordinador del meu pare.

The dragon is playing the guitar.

El drac toca la guitarra.

The dinosaur's dream is to become a wonderful rock star.

El somni del dinosaure és convertir-se en una meravellosa estrella de rock.

The dinosaur is a rock star.

El dinosaure és una estrella de rock.

That is a beautiful ring.

Això és un bell anell.

The ring has a diamond jewel on it.

L'anell té una joia de diamants al damunt.

That is my ring.

Aquest és el meu anell.

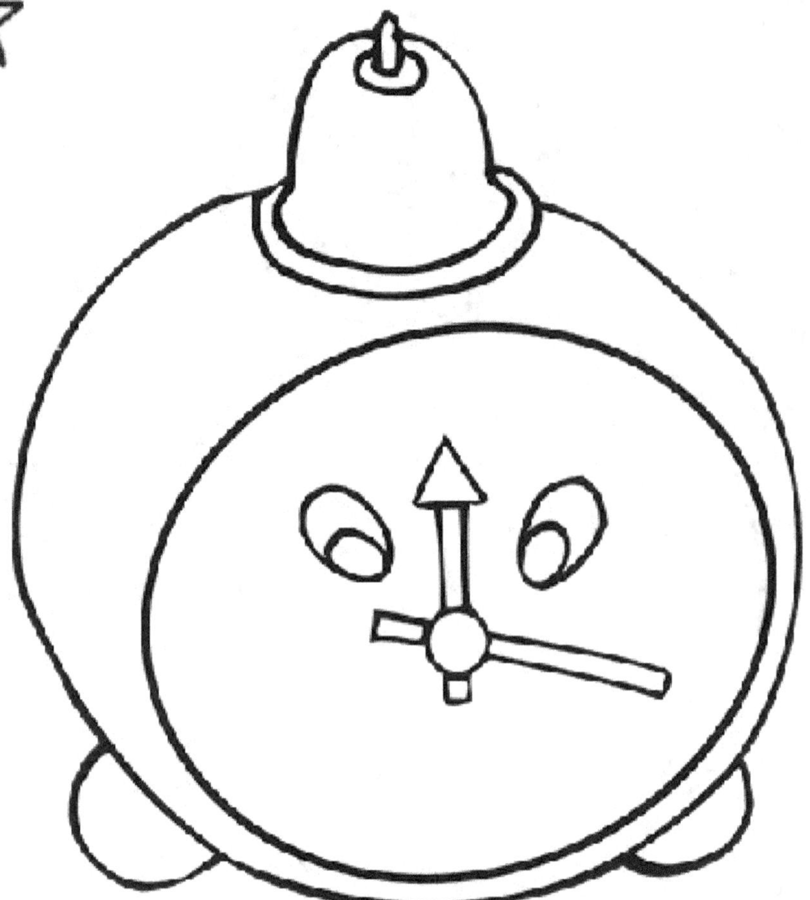

There is a big alarm clock on my desk.

Hi ha un gran despertador al meu escriptori.

The alarm clock is sometimes very annoying

De vegades és molt molest el despertador

The alarm rings every morning.

L'alarma sona cada matí.

A little cow is walking around near the barn.

Una petita vaca camina prop del graner.

The calf is wandering around.

El vedell es passeja.

That is a baby cow.

Això és una vaca.

A violin can play beautiful music if played correctly.

Un violí pot reproduir música bonica si es toca correctament.

The violin is one of the most fantastic instruments.

El violí és un dels instruments més fantàstics.

The violin is a musical instrument.

El violí és un instrument musical.

Mr. Snowman is holding a broom and saying goodbye.

El senyor ninot de neu té una escombra i s'acomiada.

The snowman was just done cleaning the yard.

El ninot de neu acabava de netejar el pati.

I made a snowman.

Vaig fer un ninot de neu.

I had a small birthday cake for my party.

Vaig tenir un petit pastís d'aniversari per a la meva festa.

This birthday cake is for a little kids.

Aquest pastís d'aniversari és per a un nen petit.

I have a candle on my cake.

Tinc una espelma al meu pastís.

The dragon is waving his hand.

El drac està agitant la mà.

The big ancient dragon says hello to you.

El gran drac antic et saluda.

Dragons are very friendly and have scales on their backs.

Els dracs són molt simpàtics i tenen escales a l'esquena.

The chicken is saying hello to us.

El pollastre ens saluda.

The white chicken is wearing an artist's hat.

El pollastre blanc porta un barret d'artista.

The rooster has a big beak.

El gall té un bec gros.

The Pencil is saying hello to you.

El Llapis us saluda.

The pencil is scribbling a line with the lead.

El llapis està escorcollant una línia amb el plom.

The pencil is drawing a zig-zag line.

El llapis està dibuixant una línia en zig-zag.

The frog is trying to catch the fly.

La granota intenta agafar la mosca.

The frog uses its tongue to catch prey.

La granota utilitza la llengua per atrapar preses.

The frog is hopping.

La granota està saltant.

The cute monster is flying around.

El bonic monstre està volant.

The monster has a pointy horn.

El monstre té una banya punxeguda.

The little monster has a long tail.

El petit monstre té una cua llarga.

The lion is big.

El lleó és gran.

The lion is chasing its tail.

El lleó està perseguint la cua.

The lion is timid.

El lleó és tímid.

The iguana is hiding behind the letter I.

L'iguana s'amaga darrere de la lletra I.

The iguana is curling around the alphabet.

L'iguana s'enrotlla a l'alfabet.

The iguana has a long tail.

L'iguana té una cua llarga.

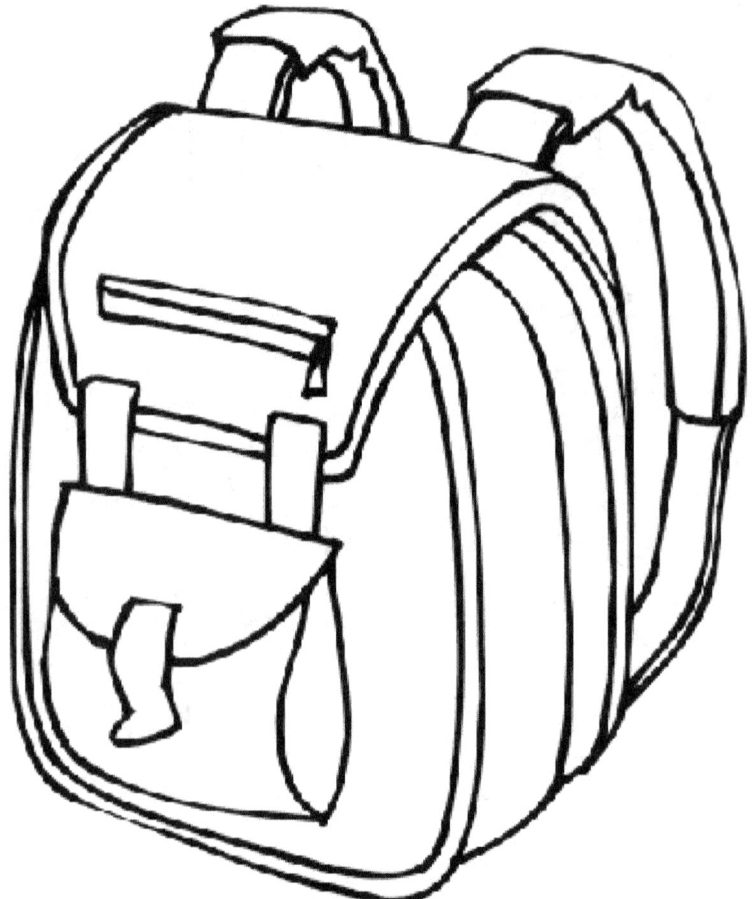

My mom bought me a new backpack to take to school.

La meva mare em va comprar una motxilla nova per portar a l'escola.

The green backpack is holding all my belongings.

La motxilla verda té totes les meves coses.

My bag has many pockets.

La meva bossa té moltes butxaques.

The animals are happy being together again.

Els animals estan contents de tornar a estar junts.

The animals are having a giant sleepover.

Els animals estan passant un gir dormidor gegant.

There are a lot of animals.

Hi ha molts animals.

My favorite fruit to eat is a banana.

La meva fruita preferida per menjar és un plàtan.

The banana is yellow.

El plàtan és groc.

My dad bought a lot of bananas in the market.

El meu pare va comprar molts plàtans al mercat.

The magician plays a trick.

El mag fa un truc.

The magician summoned a rabbit out of his hat.

El mag va convocar un conill del barret.

The rabbit is very young.

El conill és molt jove.

The cereal box got a magician set for Christmas.

La caixa de cereals va tenir un conjunt de mags per Nadal.

The boy got a wizard action figure for his birthday.

El noi va rebre una figura d'acció d'assistent pel seu aniversari.

The book has a wand.

El llibre té una vareta.

The scientist is making a potion.

El científic està fent una poció.

The woman is learning how to become a scientist.

La dona està aprenent a convertir-se en científica.

He has a potion.

Té una poció.

The engineer is holding a wrench.

L'enginyer sosté una clau.

The engineer is going to fix a fancy blue car.

L'enginyer arreglarà un cotxe blau de luxe.

He has a suitcase.

Té una maleta.

The boy is carrying so many books!

El noi porta tants llibres!

The smart little boy is carrying heavy books to study.

El nen intel·ligent porta llibres pesats per estudiar.

The boy is carrying a lot of books.

El noi porta molts llibres.

The policeman is mad.

El policia està boig.

The policeman is angry at some rotten teenagers.

El policia està enfadat amb alguns adolescents podrits.

He is wearing sunglasses.

Porta ulleres de sol.

The red and black ladybug is just done eating some leaves.

La marieta vermella i negra acaba de menjar menjant algunes fulles.

The ladybug is eating a piece of lettuce.

La marieta està menjant un tros d'enciam.

The ladybug has many spots.

La marieta té molts punts.

The white sheep have a lot of fluffy white wool to give away.

Les ovelles blanques tenen molta llana blanca esponjosa per regalar.

This sheep is so fluffy.

Aquesta ovella és tan esponjosa.

The sheep are skinny.

Les ovelles són primes.

The chef serves delicious-looking food.

El xef serveix menjar deliciós.

The chef made yummy pasta for everyone to share.

El xef va elaborar pasta deliciosa perquè tothom compartís.

The chef has a napkin.

El xef té un tovalló.

The waiter is serving juice.

El cambrer serveix suc.

The waiter is serving fresh lemonade to a family.

El cambrer serveix llimonada fresca a una família.

He is wearing a bowtie.

Porta una corbata.

The elephant is shy.

L'elefant és tímid.

The elephant has big ears.

L'elefant té grans orelles.

The elephant has eyelashes.

L'elefant té pestanyes.

Happy Teddy is opening his box of presents from Santa.

Happy Teddy obre la seva caixa de regals de Santa.

The teddy bear is opening his second present.

El peluix està obrint el seu segon regal.

The bear has a present.

L'ós té un regal.

The green parrot came from the forest to the zoo.

El lloro verd venia des del bosc fins al zoo.

The parrot is just learning how to fly in the sky.

El lloro només està aprenent a volar al cel.

The parrot is colorful.

El lloro és de colors.

My toy box contains a lot of toys.

La meva caixa de joguines conté moltes joguines.

The toy chest is full of toys.

El cofre de les joguines està ple de joguines.

I have stuffed animals, balls, and other toys in my toy box.

Tinc animals de peluix, boles i altres joguines a la caixa de joguines.

The waiter is serving steaming hot pizza.

El cambrer serveix pizza calenta al vapor.

The chef just took the pizza oven

El xef acaba de prendre el forn de pizza

The pizza looks delicious.

La pizza sembla deliciosa.

The crocodile is excited.

El cocodril està emocionat.

The jumping crocodile is happy.

El cocodril saltant és feliç.

The alligator is jumping.

L'aligator està saltant.

Santa is lugging a large brown bag of gifts to his sley.

El Pare Noel porta una gran bossa marró de regals a la seva serra.

Santa Claus is carrying a leather bag filled with gifts.

El Pare Noel porta una bossa de cuir plena de regals.

Santa is going to give out presents.

El Pare Noel farà regals.

The boy is late for school, so he is sprinting.

El noi arriba tard a l'escola, de manera que està a la velocitat.

The boy is preparing for school.

El noi es prepara per a l'escola.

The boy is excited to go to school.

El noi està emocionat per anar a l'escola.

The small cow has orange hair on the top of its head.

La vaca petita té els cabells ataronjats a la part superior del cap.

The little cow will eventually be a big one.

La vaca petita acabarà sent gran.

The young calf is walking in the field.

El vedell jove camina al camp.

He is playing a lively tune on his flute.

Està tocant una animada melodia a la seva flauta.

The boy is practicing the flute to be ready at school.

El noi està practicant la flauta flauta per estar a punt a l'escola.

He is a musician.

És músic.

The frog is waving to us.

La granota ens agita.

The frog says goodbye to me and you.

La granota s'acomiada de mi i de tu.

The frog has a big mouth.

La granota té una boca gran.

Mr. Snowman is celebrating Christmas by the decorated tree.

El ninot de neu celebra la festa de Nadal per l'arbre decorat.

The snowman is having a Christmas party.

El ninot de neu fa una festa de Nadal.

This snowman is my friend, and he is a helper of Santa.

Aquest ninot de neu és el meu amic i és un ajudant del Pare Noel.

The delivery man sent us a package.

L'enviador ens va enviar un paquet.

The workman is towing some heavy boxes.

El treballador remolca unes caixes pesades.

He is sleepy.

Està adormit.

Teddy is licking a red and white candy cane.

Teddy està llepant una canya de caramels vermells i blancs.

The brown teddy bear is wearing a bright green hat.

L'ós de peluix marró porta un barret de color verd brillant.

The bear likes to eat sweets.

A l'ós li agrada menjar dolços.

The tiger is wearing a bow on its neck.

El tigre porta un llaç al coll.

A formal tiger is waving his hand for a yellow taxi.

Un tigre formal està agitant la mà per un taxi groc.

It is orange and black.

És de color taronja i negre.

The one and the zero are holding hands.

L'un i el zero estan de la mà.

One and Zero together are ten.

Un i zero són deu.

I have ten toes in total.

Tinc deu dits de punta en total.

Funny, Mr. Clown is giving away colorful balloons.

Divertit, el senyor pallasso regala globus de colors.

The clown is holding three colorful balloons.

El pallasso té tres globus de colors.

The clown likes to give out balloons to little kids.

Al pallasso li agrada regalar globus als nens.

The number "four" is counting to four.

El nombre "quatre" compta amb quatre.

The four saw four dolphins at the ocean.

Els quatre van veure quatre dofins a l'oceà.

My cat has four legs.

El meu gat té quatre potes.

The maid is cleaning our room.

La criada està netejant la nostra habitació.

The little girl is carrying two buckets loads of water.

La petita porta dues galledes molta aigua.

The girl is wearing a dress.

La nena porta un vestit.

The builder man has gone to work on a project.

L'home constructor ha anat a treballar en un projecte.

The man has bought a shiny new hammer.

L'home ha comprat un martell nou i brillant.

The man has an ancient hammer.

L'home té un martell antic.

He likes to paint.

Li agrada pintar.

The house painter is almost done with his daily work.

El pintor de casa està gairebé acabat amb la seva feina diària.

He has a bucket of paint.

Té una galleda de pintura.

The bee is wearing a pink pacifier to calm itself.

L'abella porta un xumet rosa per calmar-se.

The baby bees have very tiny wings.

Les abelles bebè tenen les ales molt minúscules.

The baby bee has yellow and black stripes.

L'abella infantil té ratlles grogues i negres.

My cat likes to eat fish.

Al meu gat li agrada menjar peix.

The cat is looking for more treats.

El gat busca més llaminadures.

My cat has big eyes.

El meu gat té grans ulls.

The rabbit is thinking about something.

El conill està pensant en alguna cosa.

The rabbit is confused.

El conill es confon.

The rabbit has long ears.

El conill té unes orelles llargues.

Santa gave reindeer a big present.

El Pare Noel va donar als rens un gran regal.

The reindeer is late to give his present to his friends.

El ren és tard per donar el present als seus amics.

Reindeer has a scarf.

Ren té una bufanda.

The smiling number nine is saying its name out loud.

El somrient número nou està dient el seu nom en veu alta.

The nine is saying that 4+5=9.

El nou diu que 4 + 5 = 9.

My sister has nine stuffed animals.

La meva germana té nou peluixos.

The Chipmunk is about to eat a brown acorn.

El xip és a punt de menjar una gla bruna.

The chipmunk brought home a giant acorn.

El xip va portar a casa una gla gegant.

The chipmunk has a soft tummy.

El xip té una panxa suau.

An astronaut has to explore our universe so that we would have more knowledge.

Un astronauta ha d'explorar el nostre univers perquè tinguéssim més coneixement.

The astronaut saw something in the distance.

L'astronauta va veure alguna cosa a la distància.

The astronaut is going on a mission.

L'astronauta segueix una missió.

The turtle has a robust shell but is very slow.

La tortuga té una closca robusta però és molt lenta.

The tortoise lives on land, unlike turtles.

La tortuga viu a la terra, a diferència de les tortugues.

The tortoise has a pointy shell.

La tortuga té una closca punxeguda.

The number "zero" is saying, Ok.

El número "zero" diu: D'acord.

The zero is saying fine by making the okay gesture.

El zero està dient bé fent el gest correcte.

I have 0 tails.

Tinc 0 cues.

The snake is licking its lip because it is hungry.

La serp es llepa el llavi perquè té fam.

The snake is very slimy.

La serp és molt prim.

The snake has polka dots.

La serp té polques.

The happy frog is wearing a green hat.

La granota feliç porta un barret verd.

The green frog is wearing a green hat.

La granota verda porta un barret verd.

The frog is going to a party.

La granota va a una festa.

The ant is telling a story.

La formiga explica una història.

An ant is tiny in size, but very strong.

Una formiga té una mida petita, però molt forta.

I found an ant.

Vaig trobar una formiga.

The graceful swan is striding through the water.

El graciós cigne es passeja per l'aigua.

The beautiful swan is eating a piece of green vegetables.

El preciós cigne menja un tros de verdures verdes.

The swan is beautiful.

El cigne és bonic.

The number "five" is trying to give you a high five.

El número "cinc" tracta de donar-te un màxim de cinc.

The five are saying its name out loud, so others will know.

Els cinc diuen el seu nom en veu alta, així que altres ho sabran.

I have five fingers on 1 of my hands.

Tinc cinc dits a la meva mà.

The happy and excited eight is holding up eight fingers

El vuit feliç i emocionat està aguantant vuit dits

The eight is licking its lip because it sees eight trays of fried chicken.

El vuit es llepa el llavi perquè veu vuit safates de pollastre fregit.

A spider has eight legs.

Una aranya té vuit potes.

Rabbit thinks that the juicy orange carrot looks yummy.

Conill creu que la sucosa pastanaga de taronja sembla deliciosa.

The bunny is bringing a giant carrot to its family for dinner.

El conill porta una pastanaga gegant a la seva família per sopar.

The bunny likes to eat carrots.

Al conill li agrada menjar pastanagues.